Entdeckungsreise durch das
BERGISCHE LAND
18 TAGESTOUREN

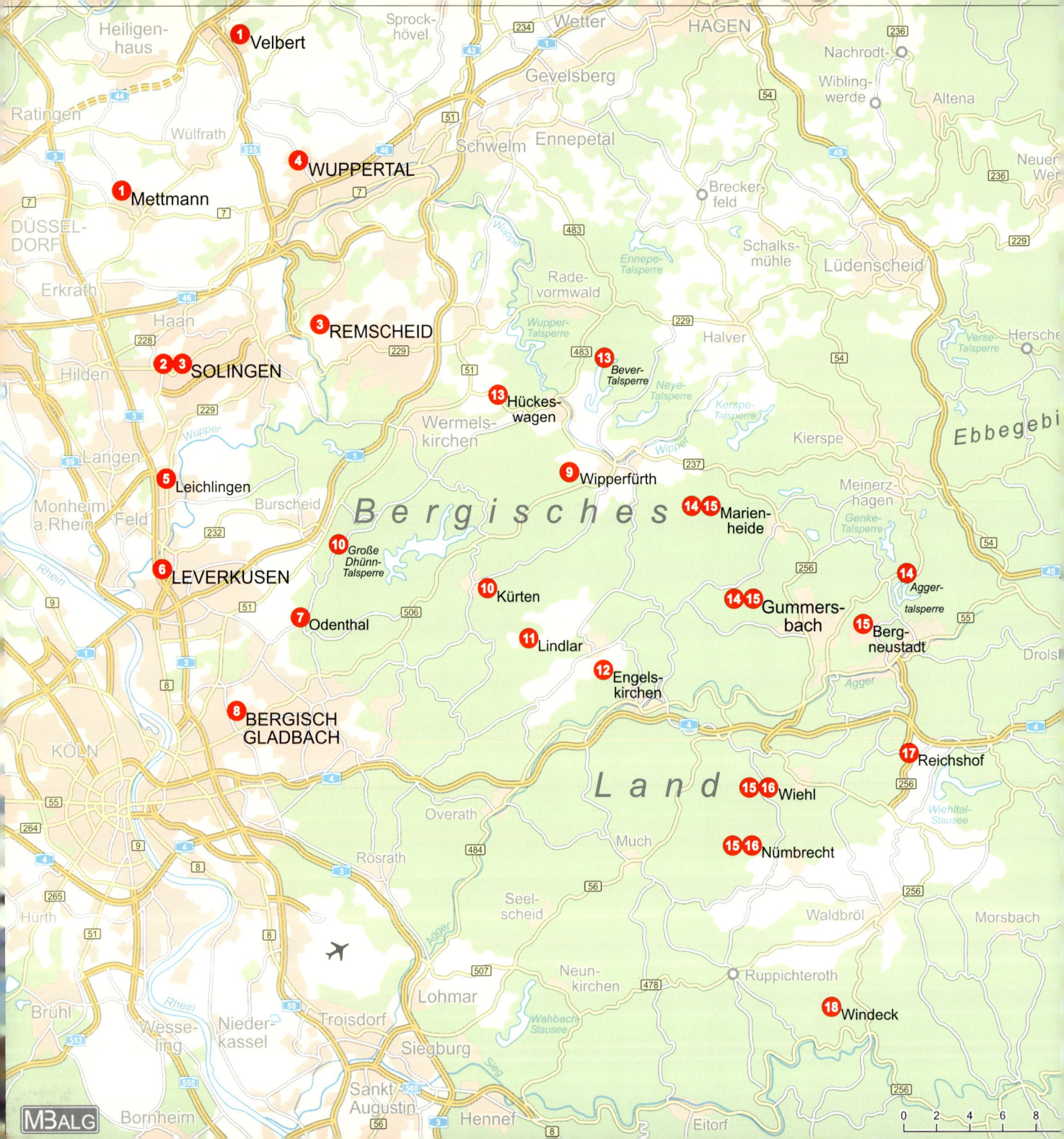

Detlef Braun

Entdeckungsreise durch das
BERGISCHE LAND
18 TAGESTOUREN

Die Wupper an der Müngstener Brücke (Tour 3).

Impressum

Sutton Verlag GmbH
Hochheimer Straße 59
99094 Erfurt
http://www.suttonverlag.de
Copyright © Sutton Verlag, 2011

ISBN: 978-3-86680-832-4

Gestaltung: Markus Drapatz

Druck: xPrint s.r.o. | 261 01 Příbram, Tschechische Republik

Bildnachweis

Stiftung Neanderthal Museum: Seite 8 (links oben).
Raimond Spekking: Seite 79 (links oben).
Alle anderen Aufnahmen stammen vom Verfasser.
Die Veröffentlichung der Aufnahmen aus Kirchen und Museen erfolgt mit deren Genehmigung.

Inhaltsverzeichnis

Bildnachweis		4
Über das Bergische Land		6
Tour 1	Mettmann, Neanderthalmuseum	8
	Velbert, Schloss- und Beschlägemuseum	10
	Velbert-Neviges, Mariendom (Wallfahrtskirche)	12
Tour 2	Solingen, LVR-Industriemuseum Gesenkschmiede Hendrichs	14
	Solingen, Balkhauser Kotten	16
Tour 3	Solingen, Schloss Burg an der Wupper	18
	Solingen, Remscheid, Müngstener Brücke	20
	Remscheid-Lennep, Röntgenmuseum	21
Tour 4	Wuppertal-Beyenburg	22
	Wuppertaler Zoo	24
Tour 5	Leichlingen, „SinnesWald"	26
	Leichlingen, Haus Vorst	27
Tour 6	Leverkusen, Freudenthaler Sensenhammer	28
	Leverkusen, Schloss Morsbroich	30
Tour 7	Odenthal, Burg Strauweiler	32
	Odenthal-Altenberg, Dom	34
Tour 8	Bergisch Gladbach – Auf Gottfried Böhms Spuren	38
Tour 9	Wipperfürth	42
Tour 10	Kürten-Olpe	44
	Kürten-Delling	46
	Kürten-Viersbach, Dhünn-Talsperre	48
Tour 11	Lindlar	50
Tour 12	Engelskirchen	52
Tour 13	Hückeswagen, Bevertalsperre	56
Tour 14	Marienheide, Schloss Gimborn	58
	Marienheide, Wallfahrtskirche St. Mariä Heimsuchung	60
	Aggertalsperre, Eisenbahnmuseum Dieringhausen	62
Tour 15	Fünf „Bunte Kirchen" („Bonte Kerken")	64
Tour 16	Nümbrecht und Wiehl	68
Tour 17	Reichshof-Eckenhagen	72
	Affen- und Vogelpark Eckenhagen	73
	Reichshof-Denklingen	74
Tour 18	Windeck	76
Bergisches Heimatlied		76

Über das Bergische Land

Das Bergische Land zählt zu den schönsten und historisch interessantesten Kulturlandschaften Deutschlands. Dieser Bildband stellt die Region nicht nur in faszinierenden Farbfotografien vor, sondern regt auch dazu an, die zahlreichen Sehenswürdigkeiten mit dem Auto oder Motorrad für sich zu entdecken.

Der Begriff „Bergisches Land" wird heute zum einen für die hügeligen Gegenden des ehemaligen Herzogtums Berg verwendet. Dabei handelt es sich um den Rheinisch-Bergischen und den Oberbergischen Kreis. Das Bergische Land umfasst weiter das Städtedreieck Remscheid-Solingen-Wuppertal, den Kreis Mettmann, Velbert, Leverkusen sowie einen Teil des Rhein-Sieg-Kreises wie z.B. Windeck. Historisch gesehen gehört sogar Düsseldorf dazu, wurde die Stadt doch schon anno 1288 durch Adolf Graf V. von Berg gegründet.

Das erstmalig um 1100 einflussreiche Geschlecht der Grafen und Herzöge von Berg ist Namensgeber des Bergischen Landes. Es residierte bis 1133 hoch über dem Flüsschen Dhünn in der früheren Burg Berge in Odenthal-Altenberg, woher der Name „von Berg" kommt. Später zogen die Grafen nach Burg Neuenberge, dem heutigen Schloss Burg an der Wupper. Mit der Ermordung Engelberts II. im Jahr 1225, der außerdem als Engelbert I. Erzbischof von Köln war, erlosch der Mannesstamm. Das Herzogtum wurde danach in Seitenlinien fortgeführt.

Die Residenz war später Düsseldorf. Durch den Wiener Kongress von 1815 wurde das Bergische Land Preußen zugesprochen. Geologisch ist das Bergische Land ein Teil des Rheinischen Schiefergebirges, waldreich mit sanften Hügeln. Die höchsten Erhebungen sind die Homert (519 Meter) bei Gummersbach-Oberrengse und der Unnenberg bei Marienheide (506 Meter).

Das Bergische Land ist reich an Bächen, Flüssen und Talsperren. Der längste Fluss ist die Wupper. Einige Talsperren wie die Dhünn-Talsperre sind nur Trinkwasserreservoir, viele andere, z.B. die Aggertalsperre, dienen auch der Naherholung. Wegen des starken Gefälles zum Rhein trieben die Flüsse und Bäche früher Mühlen verschiedenster Art an. An der Wupper entstanden Schleifkotten; das Flüsschen Strunde galt als „fleißigster Bach Deutschlands" und lieferte die Antriebsenergie für mehr als 40 Getreide-, Papier-, Pulver-, Schleif- und andere Mühlen. Fast jeder Ort konzentrierte sich auf ein spezielles Produkt. So wurde Bergisch Gladbach durch seine Papierfabrikation (Zanders, Gohrsmühle) weltbekannt.

Zum Wirtschaftsraum des Bergischen Landes gehören heute außerdem die Eisenverarbeitung, Werkzeugfabrikation und Herstellung von Schneidwerkzeugen. Wichtige Industriestandorte sind Velbert (Schlösser und Beschläge), Remscheid (Werkzeuge) und Solingen (Schneidwaren). Wermelskirchen ist für Maschinen, Werkzeuge, Räder und Rollen bekannt.

Die industrielle Entwicklung Wuppertals wurde durch die Textilindustrie geprägt. Deshalb steht der rote Löwe im Stadtwappen auf einem goldenen Garnknäuel. In seinen Pranken hält er einen Rost, das Zeichen der Bleicher. Nach dem Niedergang der Textilfabrikation sind heute die Industriebereiche Chemie, Maschinenbau und Elektrotechnik vorherrschend. Hauptarbeitgeber in Leverkusen sind die Bayer AG sowie die Lanxess AG, die aus der Bayer AG hervorgegangen ist.

Das Wasser der Wupper eignete sich besonders für die Tuchfabrikation, weil es weich war. Allerdings brachte der Fluss vor seiner Regulierung durch die 1987 in Betrieb genommene Wupper-Talsperre große Probleme mit sich. Es gab 1890 und 1925/26 katastrophale Hochwasser. Im Sommer schrumpfte die Wupper regelmäßig zu einem schmutzigen Rinnsal und führte viel Abwasser mit sich. Anfang des 19. Jahrhunderts entstand am Oberlauf der Wupper die Lenneper Textilindustrie mit Standorten in Lennep und Radevormwald. Die Firmen Hardt Pocorny & Co., Peter Schürmann & Schröder sowie Johann Wülfing & Sohn gaben in ihrer Blütezeit vielen Menschen Arbeit, bis sie Ende des vergangenen Jahrhunderts ihre Tore schließen mussten. Die Fabrik Wülfing blieb nur als Museum erhalten; in Remscheid-Lennep befindet sich ein Tuchmuseum. Die Wupper ist heute ein sauberer Fluss, in dem fast dreißig Fischarten leben.

Das Bergische Land wird wegen seiner Gastlichkeit hoch geschätzt. Bekannte Gourmet-Tempel sind Schloss Lerbach und

Schloss Bensberg in Bergisch Gladbach. Oft wird eine „Bergische Kaffeetafel" angeboten. Dabei schenkt man den Kaffee aus der „Dröppelminna" aus, einer bauchigen zinnernen Kaffeekanne mit Zapfhahn. Zur Bergischen Kaffeetafel gehören Rosinenstuten oder Hefeplatz, Schwarz- und Graubrot, Honig, Kraut, Butter, Quark, Käse, Wurst, Schinken, Milchreis mit Zucker und Zimt, Waffeln, Zwieback und Kuchen. Zum Abschluss trinkt man einen Bergischen Korn. Bergische Kaffeetafeln für mehrere Personen werden vor allem bei Schloss Burg (Tour 3) angeboten.

An den Fachwerkhäusern findet man allenthalben die Farben des Bergischen Landes: schwarz der Schiefer und die Balken, weiß die Gefache und Rahmen, grün die Fensterläden und Türen. Man sieht solche Häuser häufig in den verwinkelten Straßen und Gassen von Hückeswagen, Wermelskirchen, Wuppertal-Beyenburg, Remscheid-Lennep und Wipperfürth. Manchmal stehen sie, Wind und Wetter trotzend, einsam an einer Landstraße.

Als passionierter Fotograf hat Detlef Braun bei der Anordnung der Touren den Verlauf des Lichts berücksichtigt. Beispielsweise steht die Sonne in Wuppertal-Beyenburg morgens im richtigen Winkel, während die Gehege des Wuppertaler Zoos erst nachmittags aus dem Gegenlicht herauskommen (Tour 4). Auch der fotogene Mariendom in Neviges präsentiert sich erst nachmittags im richtigen Fotolicht (Tour 1). Natürlich kann man die Touren auch anders zusammenstellen oder Ziele weglassen. Man muss bei der Tour 15 nicht alle fünf „Bunten Kirchen" an einem Tag besichtigen. Vielleicht genügen zwei beieinander liegende wie die Lieberhauser Kirche (die „bunteste") und die schön gelegene Wiedenester Kreuzkirche (7 km).

Die vorgestellten Touren können nur einen kleinen Einblick in das abwechslungsreiche Bergische Land vermitteln. Wenn das Buch zu eigenen Planungen und weiteren Fahrten anregt, hat es seinen Zweck erfüllt. In diesem Sinne wünschen Autor und Verlag bei der Erkundung der schönen Bergischen Landschaft viel Vergnügen.

Tour 1.1

Die erste Tour führt in den Norden des Bergischen Landes, nach Mettmann und Velbert. Das Museum zeigt den Weg der Menschheit aus den Savannen bis in die heutige Zeit mit Fundstücken aus dem Neandertal. Die lebensechten Figuren der Neandertaler wurden nach Original-Schädelfunden wissenschaftlich rekonstruiert. Für Kinder wird das Museum deshalb nicht langweilig, vielmehr regt es ihre Fantasie an. Inszenierungen und klassische Medien vermitteln die aktuellen Forschungsergebnisse aus Archäologie und Paläoanthropologie. Das erst 1996 eröffnete archäologische Museum zählt in Europa zu den besten und erfolgreichsten seiner Art.

40822 METTMANN, TALSTRASSE 300
TEL. (0 21 04) 97 97-0, WWW.NEANDERTHAL.DE
MEHRERE PARKPLÄTZE, KLEINE FUSSWEGE ZUM MUSEUM.

Mettmann, Neanderthalmuseum

Tour 1.2

Von Mettmann geht es zum Schloss- und Beschlägemuseum in Velbert (24 km). Es ist in Deutschland einzig in seiner Art. Die Herstellung von Schlössern und Beschlägen blickt in Velbert auf eine lange Tradition zurück. Bei einem Gang durch die Ausstellungsräume präsentieren sich auch Ausstellungsobjekte aus 56 anderen Ländern, zum Teil aus Afrika und Asien.
Von Velbert fährt man den Berg hinunter nach Neviges. Im Tal sieht man bald Schloss Hardenberg und hoch oben den Mariendom (7 km).

42551 Velbert, Oststr. 20
Tel. (0 20 51) 26-2285
www.museum-velbert.de

Laternengriffschlüssel mit Kammbart aus der ersten Hälfte des 17. Jahrhunderts.

Stählerne Stele vor dem Museum.

Velbert, Schloss- und Beschlägemuseum

Graviertes Schloss aus der ersten Hälfte des 17. Jahrhunderts.

Tour 1.3

Das Motiv der Rose findet sich in den Fenstern und an den Wänden des Doms.

42553 Velbert, Elberfelder Strasse 12
Tel. (0 20 53) 93 18-0
www.mariendom.de
Kostenpflichtiger Parkplatz bei Schloss Hardenberg.
Einige kostenlose Parkplätze an der Kirche –
Einbahnstrasse!

Marienstele mit Gnadenbild.

Velbert-Neviges, Mariendom (Wallfahrtskirche)

Auf dem Hardenberg in Velbert-Neviges erhebt sich der Mariendom. Der Überlieferung nach vernahm der Dorstener Franziskaner Antonius Schirley 1676 beim Beten eine Stimme, die sagte: „Bring mich (das Marienbild im Kloster Dorsten) nach dem Hardenberg, da will ich verehret sein."

Als der Fürstbischof von Paderborn und Münster, Ferdinand von Fürstenberg, nach schwerer Krankheit unverhofft wieder gesund wurde, unternahm er zum Dank eine Pilgerfahrt nach Neviges und steuerte Mittel für das schon im Bau befindliche Franziskanerkloster bei.

Die heutige Kirche Maria, Königin des Friedens wurde von Gottfried Böhm entworfen und nach zweijähriger Bauzeit 1968 geweiht. Sie zählt zu seinen bekanntesten Bauwerken. Es besteht eine auffallende Ähnlichkeit mit der Kapelle im Bergisch Gladbacher Kinderdorf Bethanien (Tour 8), die in derselben Schaffensperiode Böhms gebaut wurde. Das Innere der Kirche gleicht einem großen Zelt mit dem Altar im Zentrum. Ein wiederkehrendes Symbol ist die Rose als Zeichen der Gottesmutter Maria. Das Gnadenbild aus dem Franziskanerkloster Dorsten ist in eine Marienstele eingelassen, aus der Maria mit dem Kind herauswächst.

Tour 2.1

LVR-Industriemuseum
Gesenkschmiede Hendrichs
42699 Solingen
Merscheider Str. 289–297
Tel. (0 22 34) 992 155 5
www.industriemuseum.lvr.de/
schauplaetze/solingen
Kostenloser Parkplatz am Museum.

Wipperkotten
42699 Solingen
Wipperkotten 2
Tel. (02 12) 247 39 58
www.wipperkotten.com
Kostenloser Parkplatz.

Solingen, LVR-Museum Gesenkschmiede Hendrichs

Die zweite Tour macht mit einer alten Solinger Tradition vertraut, der Herstellung von Messern und Scheren. In der Gesenkschmiede Hendrichs in Solingen wurden von 1886 bis 1986 u.a. Scherenrohlinge für die Solinger Schleiferkotten hergestellt. Das Werk ist heute ein Schauplatz des Industriemuseums des Landschaftsverbandes Rheinland.

Aus dem glühenden Stahl auf dem Untergesenk schlägt der Schmied Erich Zang am Fallhammer mit dem Obergesenk eine Scherenhälfte. Er erkennt am Klang des Gesenks, wann der Rohling genug verdichtet ist bzw. genügend Schläge abbekommen hat. Deshalb trägt er nur Ohrstöpsel statt eines Kapselgehörschutzes, wie ihn sich die Besucher überstülpen. Anschließend werden die Grate entfernt und die passenden Teile zusammengeschraubt.

Tour 2 führt anschließend ins Tal nach Solingen-Balkhausen zu einem ehemaligen Schleifkotten an der Wupper (10 km). Alternativ wäre auch der selten geöffnete Wipperkotten in der Wipperaue zu besuchen (6 km).

Tour 2.2

In Solingen ist mit „Kotten" eine Schleiferwerkstätte gemeint. Es gab sie schon seit dem Ende des 14. Jahrhunderts. Eine solche Schleiferwerkstätte ist der einsam an der Wupper gelegene Balkhauser Kotten im gleichnamigen Solinger Ortsteil. Er wurde erst vor Jahren aufwändig renoviert, doch dann bekam die Welle des Mühlrades einen Knacks. Zur Freude des Kuratoriums bekam das Museum Ende 2010 ein neues Wasserrad aus Eiche mit einer neuen Welle. Damit letztere lange hält, erhielt sie – recht ungewöhnlich – eine Stahleinlage. Heute ist der Kotten ein kleines Museum.

Auf dem nahen Parkplatz in Solingen-Glüder kann man das Fahrzeug abstellen und von Brücke zu Brücke eine kleine Rundwanderung um die Wupper machen. Dabei gilt es einige Steigungen zu überwinden.

Solingen, Balkhauser Kotten

Unterschlächtiges Holz-Wasserrad mit Getriebe.

42659 SOLINGEN-BALKHAUSEN
TEL. (02 12) 383 545 3
WWW.BALKHAUSER-KOTTEN.DE
KOSTENLOSER PARKPLATZ IN SOLINGEN-GLÜDER.

Arbeitsplatz eines Schleifers.

Tour 3.1

Die dritte Tour beginnt mit einem Höhepunkt des Bergischen Landes. Über der Wupper thront in Solingen-Burg das Anfang des 13. Jahrhunderts unter Graf Adolf II. von Berg erbaute Schloss Burg. Die heutige Anlage ist dem Schlossbauverein zu verdanken, der sich Ende des 19. Jahrhunderts für den Wiederaufbau des zerstörten Schlosses einsetzte. Das Reiterdenkmal stellt den Grafen Engelbert II. von Berg dar, der als Engelbert I. Erzbischof von Köln war. Er wurde 1225 im heutigen Gevelsberg überfallen und getötet. Der Haupttäter, Friedrich von Isenberg, wurde ein Jahr später am Kölner Severinstor gerädert. Im Hauptgebäude befindet sich ein Museum. Die historischen Räume, Rittersaal, Ahnensaal, Kemenate, Kapelle und Burgverlies, vermitteln ein authentisches Bild der Ritterzeit.

42659 SOLINGEN, SCHLOSSPLATZ 2
TEL. (02 12) 242 261 1, WWW.SCHLOSSBURG.DE/DE
KOSTENLOSER PARKPLATZ CA. 100 METER OBERHALB DER
BURG IN DER SEITENSTRASSE HINTER DER FEUERWEHR.
KOSTENPFLICHTIGER PARKPLATZ AM SCHLOSS.

Eine Seilbahn führt nach Solingen-Unterburg.

Solingen, Schloss Burg

▲
Um das Schloss haben sich einige Geschäfte und Gasthöfe angesiedelt. Letztere bieten auch die reichhaltige Bergische Kaffeetafel mit der „Dröppelminna" an.

Burghof.

Tour 3.2 Solingen, Remscheid, Müngstener Brücke

Von Schloss Burg geht es nach Unterburg hinunter, nach Solingen wieder hinauf und, oben angekommen, rechts hinunter zur Müngstener Brücke (9 km). Die stählerne Bogenbrücke ist Teil der Bahnstrecke Wuppertal–Oberbarmen–Solingen. Sie überbrückt das Tal der Wupper in 107 Metern Höhe zwischen Remscheid und Solingen nahe dem Haltepunkt Solingen-Schaberg. Das Bauwerk des Anton von Rieppel ist wie Schloss Burg ein Wahrzeichen des Bergischen Landes.

Die Konstruktion ist einmalig in ihrer Art. Bei ihrer Einweihung 1897 war Seine Majestät höchstpersönlich anwesend und taufte sie auf den Namen „Kaiser-Wilhelm-Brücke". Später benannte man sie nach dem Ortsteil Müngsten. 2006 wurde der Müngstener Brückenpark eröffnet, eine weitläufige Grünanlage mit einer originellen Schwebefähre über die Wupper. Die Route führt auf der B229 weiter über Remscheid nach Lennep (14 km).

42659 Solingen, Müngstener Brückenweg 71, www.muengstener-bruecke.de
Zwei grosse Parkplätze an der Wupperbrücke.

Remscheid-Lennep Tour 3.3

In dem früher selbstständigen Stadtteil Lennep sind schöne alte Fachwerkhäuser in den bergischen Farben Schwarz, Weiß und Grün erhalten geblieben. Eines beherbergt das Röntgenmuseum, ein anderes das Geburtshaus von Wilhelm Conrad Röntgen. Der Physiker wurde 1845 in Lennep geboren. Im Jahr 1895 entdeckte er im Physikalischen Institut der Universität Würzburg die nach ihm benannten Röntgenstrahlen, die er „X-Strahlen" (x-ray) nannte.

Für seine Entdeckung erhielt Röntgen 1901 als erster Wissenschaftler den Nobelpreis für Physik. Ein Besuch des Museums vermittelt anschaulich die früheren Durchleuchtungsmethoden und informiert über den heutigen Stand der Technik.

In Lennep befindet sich außerdem ein Tuchmuseum. Wer sich für die Werkzeugherstellung interessiert, sollte, vielleicht an einem anderen Tag, das Deutsche Werkzeugmuseum in Remscheid besuchen.

Ein Bummel durch die engen Straßen und Gassen der historischen Lenneper Altstadt mit der Klosterkirche und den Fachwerkhäusern lässt die an Eindrücken reiche Tour ausklingen.

42897 REMSCHEID-LENNEP
SCHWELMER STRASSE 41
TEL. (0 21 91) 163 384
WWW.ROENTGENMUSEUM.DE

Fotos von oben nach unten:
Praxis eines Röntgenarztes um 1900.
W.C. Röntgens Labor.
W.C. Röntgens Arbeitszimmer.

Tour 4.1

Fotoamateure sollten mit diesem Ausflug in Beyenburg beginnen, denn Alt-Beyenburg, gespiegelt im Wupper-Stausee, sieht morgens am schönsten aus. Man schaut sich das von der L414 aus an und fährt danach in die Altstadt. Eine Sackgasse führt zur Klosterkirche St. Maria Magdalena. Verschieferte Fachwerkhäuser mit hübschen Türen und Fenstern säumen die Straße. Hinunter an die Wupper führen zwei Fußwege. Über eine kleine Brücke gelangt man zur Kapelle Maria im Schnee mit der Schwarzen Madonna. Nachmittags geht es weiter zum Wuppertaler Zoo (23 km).

KOSTENLOSER PARKPLATZ AN DER KLOSTERKIRCHE.

Typisches bergisches Haus in Wuppertal-Beyenburg.

Der Beyenburger Stausee. ▶

Wuppertal-Beyenburg

Tour 4.2

Der Wuppertaler Zoo liegt an einem Hang; Menschen mit gesundheitlichen Problemen sollten das berücksichtigen. Oben angekommen steht der Besucher vor drei riesigen Anlagen für Afrikanische Löwen und Sibirische Tiger. Um die Löwen besser beobachten zu können, wurde ein Beobachtungsturm gebaut. Man kann sich durch einen Tunnel in die Anlage begeben und die Tiere durch eine Glasscheibe beobachten. Die Gehege sind in doppelter Hinsicht der Höhepunkt des Zoos.

Es ist unmöglich, hier alle Tiere aufzuzählen, seien es die Königs- und Eselspinguine in ihrem „begehbaren" gläsernen Schwimmbecken, die Elefanten, Raubtiere, Affen und anderen Exoten. Der Zoo hat einen informativen Auftritt im Internet, wo er auch über Veränderungen im Tierbestand berichtet.

Afrikanischer Löwe. ▶

Flachlandgorilla.

42117 Wuppertal, Hubertusallee 30
Tel. (02 02) 563 360 0, www.zoo-wuppertal.de
Kostenlose Parkplätze 50 Meter unterhalb des Zoos und an der Hubertusallee.

Ein kleiner Tipp: Gegenüber vom Zooeingang gibt es ein chinesisches Restaurant mit einem preiswerten Mittagsbuffet. Es ist bei Zoobesuchern und Mitarbeitern des Zoos gleichermaßen beliebt. Wenn man den Zoobesuch über Mittag unterbrechen möchte, sagt man beim Verlassen der Anlage einfach Bescheid. Probleme beim erneuten Eintritt hatte der Autor nie.

Bei den Brillenpinguinen.

Wuppertaler Zoo

Tour 5

„Medusa" von Inga Beitz.

42799 Leichlingen, Wietsche 1
www.spinnerei-braun-brudes.de
42799 Leichlingen
Haus Vorst
www.hausvorst.de
Privatparkplatz vor der Toreinfahrt.

Einen Besuch wert ist der „SinnesWald" im Leichlinger Murbachtal. Dort schufen Wicze Braun und Wolfgang Brudes ein originelles Naturmuseum mit Skulpturen heimischer Künstler. Auf Pfaden um einen alten Mühlteich herum entdeckt man Arbeiten aus Holz, Stein, Metall und anderen Materialien. Jährlich wird ein neues Thema präsentiert. Die Ausstellungen sind ab Mai bis Jahresende ganztägig geöffnet; das Gelände ist frei zugänglich. Haus Vorst bei Leichlingen-Balken überragt auf einem Bergrücken das Tal der Wupper. Ein Graben umzieht in großem Bogen die äußeren Mauern. Haus Vorst war Stammsitz der Herren von Forst, die erstmals 1240 erwähnt werden. Zahlreiche Eigentümer wechselten sich in der Folgezeit ab. Das Herrenhaus stammt aus neuerer Zeit. Haus Vorst ist zwar bewohnt, kann aber tagsüber von außen besichtigt werden.

Haus Vorst.

„Mythos SinnesWald" von Peter Berth.

Leichlingen, „SinnesWald", Haus Vorst

Tour 6.1

Das Industriemuseum „Freudenthaler Sensenhammer", zuvor Sensenfabrik H. P. Kuhlmann Söhne, befindet sich in Leverkusen-Schlebusch an der Dhünn. „Sensen aus Freudenthal" waren mehr als 150 Jahre lang ein Begriff für Qualität. 1987 schloss die Fabrik ihre Tore. Das denkmalgeschützte Ensemble fiel zunächst in den üblichen „Dornröschenschlaf". Vier Jahre später gründete sich ein Förderverein, der es sich zum Ziel setzte, die Sensenschmiede für die Nachwelt zu erhalten und den Besuchern die Arbeit der Sensenmacher zu zeigen. Schließlich konnte der „Freudenthaler Sensenhammer" 2005 eröffnet werden. Dort finden nach Absprache auch Schmiedevorführungen statt. Nach wenigen Kilometern auf der L288 und der L290 erreicht man das durch seine internationalen Ausstellungen bekannte, malerisch gelegene Schloss Morsbroich (3 km).

51375 Leverkusen-Schlebusch, Freudenthal 68
Tel. (0 2 14) 500 726 8, www.sensenhammer.de
Kostenlose Parkplätze.

Leverkusen, Freudenthaler Sensenhammer

In der ehemaligen Sensenschmiede finden nach Vereinbarung Schmiede-Vorführungen statt.

Arbeitsgänge bei der Herstellung einer Sensensichel.

Tour 6.2

Östlich des Leverkusener Zentrums liegt Schloss Morsbroich, das schon 1328 als „Burg" erwähnt wird, in einem weitläufigen Park. Es war von 1619 bis 1803 Sitz des Deutschen Ritterordens. Im Jahr 1774 ließ Ignaz von Roll die verfallene Burg abbauen und an ihrer Stelle ein barockes Schlösschen errichten. Um diese Zeit wurde auch der Englische Garten angelegt. Das Schloss wurde 1885 um zwei Flügel erweitert. Nachdem die Stadt Leverkusen Gebäude und Park 1974 erwarb, beherbergt Morsbroich seit 1985 ein Museum für zeitgenössische Kunst.

Dieser widmete sich das Haus nach dem Zweiten Weltkrieg als erstes Museum in Nordrhein-Westfalen. Es veranstaltete u.a. Ausstellungen internationaler Künstler wie Joseph Beuys, Gerhard Richter, Günther Uecker, Yves Klein, Lucio Fontana, Louise Nevelson, Andy Warhol und Robert Motherwell.

In dem prunkvollen Spiegelsaal werden nicht nur Veranstaltungen durchgeführt, sondern auch Brautpaare getraut. Der Park bietet hierzu eine traumhafte Kulisse. Die Frontseite des Schlosses liegt aber erst nachmittags in gutem Fotolicht.

Wenn Zeit bleibt, kann man auch den Japanischen Garten der Bayer AG besuchen (8 km). Er ist ganzjährig geöffnet, der Eintritt ist frei. Werktags sind alle Parkplätze für die Werksmitarbeiter reserviert. Deshalb sollte man den Japanischen Garten nur sonntags besuchen.

MUSEUM:
51377 LEVERKUSEN, GUSTAV-HEINEMANN-STRASSE 80
TEL. (0 2 14) 855 560, WWW.MUSEUM-MORSBROICH.DE
KOSTENLOSER GROSSER PARKPLATZ.

JAPANISCHER GARTEN:
51373 LEVERKUSEN, KAISER-WILHELM-ALLEE
WWW.LEVERKUSEN.DE/STADTPORTRAIT/
SEHENSWERTES/SP_AUTO_260.PHP
PARKMÖGLICHKEITEN NUR SONNTAGS.

Leverkusen, Schloss Morsbroich

Tour 7.1

Der Hexenbrunnen von Walter Jansen an der Kirche St. Pankratius.

Ein Tipp für Mühlenfreunde:
Vom Parkplatz an der Odenthaler Straße folgt man der Dhünn flussaufwärts, überquert die Altenberger-Dom-Straße und geht weiter auf dem schmalen Wanderpfad. Nach einigen hundert Metern gelangt man zu einem kleinen Fachwerkensemble. Hier hat Günter Blömer ein privates und absolut sehenswertes Mühlenmuseum mit zahlreichen Modellen geschaffen. Am besten ruft man ihn vorher an.
51519 Odenthal, Mühlenweg 7, Tel. (0 22 02) 7 98 50

Odenthal wurde vermutlich um 950 von den Franken gegründet. Sehenswert ist der Ortskern mit der Pfarrkirche St. Pankratius, einer der ältesten Kirchen des Bergischen Landes, und dem die Basilika umgebenden Fachwerkensemble.
Unrühmlich war Odenthals Rolle während der Zeit der Hexenverfolgungen. An die Leiden dieser armen Frauen erinnert der Hexenbrunnen von Walter Jansen. Die Hexen-Wetterfahne auf dem Rathaus und der Kirchturmhahn bilden einen spannenden Kontrast.
Etwa 500 Meter von der Ortsmitte entfernt liegt Burg Strauweiler. Sie bietet von der Landstraße aus ein märchenhaftes Bild, kann aber nicht besichtigt werden, weil sie bewohnt ist.
Auf der L101 geht es weiter zum Altenberger Dom (5 km). Altenberg ist die Wiege des Bergischen Landes, denn die Grafen und späteren Herzöge von Berg hatten dort ihren ersten Stammsitz auf der Burg Berge oberhalb des Flüsschens Dhünn.

Burg Strauweiler (erstmalig erwähnt um 1300). ▶

WWW.ODENTHAL.DE
GROSSER KOSTENLOSER PARKPLATZ AN DER ODENTHALER STRASSE.

Hexenfahne und Kirchturmhahn.

Odenthal

Tour 7.2

Die Abtei Altenberg.

Der Bergische Dom, Ostseite.

Hoch über dem Ufer der Dhünn befand sich die Burg Berge, von der sich der Name der Grafen und späteren Herzöge von Berg ableitet. Sie wurde um 1060 errichtet und 1133 zugunsten des neuen Stammsitzes der Grafen in Burg an der Wupper aufgegeben. Diese Burg hieß damals „Neuenberge" oder „Neuenburg"; der Name „Altenberg" stammt von der alten Burg Berge.

Graf Adolf II. von Berg schenkte die Burg 1133 einer Delegation von Zisterziensermönchen unter Abt Berno aus Morimond/Burgund. Diese zogen 1145 wegen der dort besseren Lebensbedingungen in das Tal zwischen Dhünn und Eifgenbach und errichteten dort ihr Kloster.

Im Jahr 1259 begannen die Mönche mit dem Bau einer Abteikirche, die heute als Bergischer Dom oder Altenberger Dom bezeichnet wird. Sein Schutzpatron, Bernhard von Clairvaux (ca. 1090–1153), war ein bedeutender Mystiker, Kirchenlehrer und Kreuzzugsprediger.

Das Kloster bestand bis zur Säkularisation im Jahr 1803. Danach erwarb der Kölner Kaufmann Johann Heinrich Pleunissen 1806 die Abtei und richtete dort eine Chemiefabrik ein. 1815 wurden das Klostergebäude und das Dach der Abteikirche durch einen bei der Produktion ausgebrochenen Brand vernichtet. Der neue Eigentümer, Franz Egon von Fürstenberg-Stammheim, ließ 1834 erste Sicherungsmaßnahmen durchführen. Nach einer Schenkung an Preußen unterstützte Friedrich Wilhelm IV. die Restaurierung der Abteikirche. Er machte aber zugleich die Auflage, das Gotteshaus künftig simultan zu nutzen. Der erste evangelische Gottesdienst hier fand 1857 statt. Von 1994 bis 2006 wurde der Dom umfassend restauriert.

Das Anfang des 15. Jahrhunderts eingebaute Westfenster ist mit 8 x 18 Metern das größte Kirchenfenster nördlich der Alpen. Es stellt das „Himmlische Jerusalem" dar. ▶

Altenberg

Musizierender Engel.

Hl. Familie.

Luzifer.

Tour 7.2

Einen Besuch des Doms sollte man mit der Besichtigung der Markuskapelle (erbaut 1222–1230) und des Küchenhofs, der ehemaligen Meierei (heute eine Gaststätte), verbinden.
Altenberg ist ein Ort der Besinnung und Entspannung. Waldwege laden zu Spaziergängen ein. Im nahe gelegenen Märchenwald erleben Kinder bekannte deutsche Märchen. Die reifere Jugend zieht es mehr in das am Eingang des Märchenwaldes gelegene Restaurant, das die Gäste von 12 bis 18 Uhr zu jeder vollen Stunde mit klassischer Musik und einer illuminierten Wasserorgel erfreut.

WWW.ALTENBERG-INFO.DE
GROSSER PARKPLATZ AM MÄRCHENWALD, KLEINER PARKPLATZ AM DOM (MANCHMAL KOSTENPFLICHTIG).

RESTAURANT MÄRCHENWALD
TEL. (0 21 74) 404 54
FREITAG RUHETAG.

Fronleichnamsprozession durch das Barocktor der ehemaligen Klosterpforte Altenberg.

Altenberg

Die Altenberger Doppelmadonna (um 1530) verschwand 1862. Sie fand sich im Königlichen Museum Berlin wieder und wurde 1911 dem Altenberger Dom-Verein als Dauerleihgabe zur Verfügung gestellt.

◀ Reliquiar mit dem Herzen Engelberts (Ernst Riegel, 1939).

Sakramentshaus (Walter von Schlebusch, um 1490).

Tour 8

Kapelle im Kinderdorf Bethanien, Refrath, Neufeldweg 26, (erbaut 1965–1967).

Einen Besuch der Kreisstadt Bergisch Gladbach sollte man unbedingt dazu nutzen, um vier ungewöhnliche Bauten des Star-Architekten Gottfried Böhm zu besichtigen.
Das 1980 eingeweihte Bürgerhaus „Bergischer Löwe" mit den dominierenden Rottönen (S. 40/41) erfüllt auch heute noch seinen Zweck als Theater- und Repräsentationsgebäude der Stadt.

Herz-Jesu-Kirche, Schildgen, Altenberger-Dom-Str. 140, (erbaut 1959–1960).

Bergisch Gladbach – Auf Gottfried Böhms Spuren

Rathaus Bensberg, der „Affenfelsen", Wilhelm-Wagener-Platz, (erbaut 1962–1971).

Der für eigenwillige Konstruktionen und seine Vorliebe für Beton bekannte Böhm zeichnet für drei weitere Bauwerke in Bergisch Gladbach verantwortlich: die Herz-Jesu-Kirche in Schildgen (mit seinem Vater Dominikus), das Kinderdorf Bethanien in Refrath sowie das Rathaus in Bensberg. Letzteres wird respektlos auch „Affenfelsen" genannt. Als bislang einziger deutscher Architekt erhielt Böhm den Pritzker-Preis.

In Bergisch Gladbach hat die Papierfabrikation eine lange Tradition. Hierüber informiert das Papiermuseum in der Dombach, dessen Besuch sehr empfohlen wird. Landschaftlich schön gelegen sind u.a. die Ortsteile Paffrath, Herrenstrunden, Sand und Herkenrath. In Heidkamp steht Schloss Lerbach, ein Gourmet-Tempel. Ein Spitzenrestaurant ist auch das Grandhotel in Schloss Bensberg.

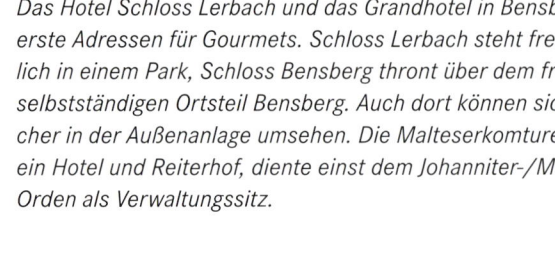

Das Hotel Schloss Lerbach und das Grandhotel in Bensberg sind erste Adressen für Gourmets. Schloss Lerbach steht frei zugänglich in einem Park, Schloss Bensberg thront über dem früher selbstständigen Ortsteil Bensberg. Auch dort können sich Besucher in der Außenanlage umsehen. Die Malteserkomturei, heute ein Hotel und Reiterhof, diente einst dem Johanniter-/Malteser-Orden als Verwaltungssitz.

WWW.BERGISCHGLADBACH.DE

Schloss Lerbach, Heidkamp, Lerbacher Weg.

Schloss Bensberg, Bensberg, Kadettenstraße.

Malteserkomturei, Herrenstrunden, Herrenstrunden 23.

Bergisch Gladbach – Auf Gottfried Böhms Spuren

◀ Bürgerhaus „Bergischer Löwe", Konrad Adenauer Platz, (erbaut 1977–1980).

Die Rochuskapelle in Sand wurde 1684 von dem Freiherrn Johann Philipp von Leers gestiftet. Grund hierfür war die damals grassierende Pest in der Hohnschaft Sand. Das von hohen Bäumen eingerahmte, 1997 renovierte Haus an der Herkenrather Straße ist von außen frei zugänglich.

Rathaus mit dem Denkmal Engelberts I. (als Erzbischof von Köln).

Wipperfürth ist die älteste Stadt im Bergischen Land. Graf Adolf III. von Berg und sein Mitregent Engelbert erhoben den schon um 400 v. Chr. besiedelten Ort zwischen 1217 und 1222 zur Stadt. Am 26. März 1275 bekam Graf Adolf V. von Berg von König Rudolf von Habsburg die Münzrechte für Wipperfürth verliehen. Auf dem Marktplatz befindet sich zur Erinnerung das Bronzedenkmal eines Münzschlägers. In der Innenstadt stehen viele alte verschieferte Fachwerkhäuser in den traditionellen bergischen Farben. Empfehlenswert ist auch ein Ausflug in das ländliche Umfeld, beispielsweise nach Ommerborn mit dem Eucharistiner-Kloster. Hückeswagen (Tour 13) ist über die B237 (5 km) schnell zu erreichen.

WWW.WIPPERFUERTH.DE

Wipperfürth

Bei Ommerborn.

Münzschlägerdenkmal auf dem Rathausplatz.

Wipperfürth-Ommerborn, Hochaltar und Kapelle.

Tour 10.1

Kürten-Olpe

Kürten gehört zu den historisch langsam gewachsenen Orten im Bergischen Land. Ende des 12. Jahrhunderts wurden die ersten der heutigen Gemeindeteile (Olpe, Bechen) in Urkunden erwähnt. Der Familienname „Cürten" rührt daher, dass der Ort bis 1930 mit „C" geschrieben wurde.

Zu Kürten gehören zahlreiche kleinere Ortschaften, Dörfer und Weiler, eingebettet zwischen sanften Höhenzügen und rauschenden Wäldern, wie es das Bergische Heimatlied (Seite 76) beschreibt. Naturliebhabern bietet die Gemeinde eine intakte Landschaft mit einem Wanderwegenetz von rund 200 Kilometern markierten Wegen.

Man kann den kurvenreichen Straßen um Kürten einfach auf das Geratewohl folgen, immer wird es etwas landschaftlich Schönes zu entdecken geben.

Über den Ortsteil Olpe fährt man nach Delling (2 km), um die ganzjährig geöffnete kleine evangelische Kirche zu besuchen oder/und in das rustikale Restaurant-Café gegenüber einzukehren. Ein lohnenswertes Ziel ist auch Gut Hungenbach im gleichnamigen Kürtener Ortsteil, ein zusammengestelltes Fachwerkensemble mit Hotel und Restaurant.

51515 Kürten
WWW.KUERTEN.DE

Kürten-Olpe.

Evangelische Kirche zu Delling.

In der Delling – Restaurant und Café
Tel. (0 22 68) 74 28

51515 Kürten-Delling, Delling, www.kirche-delling.de
Kostenlose Parkplätze an der Strasse und vor der Kirche.

Kürten-Delling

Der Name weist darauf hin, dass sich die winzige Ansiedlung in einer „Delle", einem kleinen Tal befindet. Die evangelische Kirche zu Delling gefällt durch ihre schlichte Innenausstattung. Die Gemeinde feierte 2009 das 175-jährige Bestehen des Gotteshauses. Sie konnte ihren Glauben im überwiegend katholischen Rheinland früher nur im Verborgenen leben. Zunächst fanden versteckte Gottesdienste statt. Erst im Zuge der Franzosenherrschaft durften die Bauern 1802 einen eigenen Friedhof anlegen. Er befindet sich neben der Kirche.

Zum Kircheninneren passt die kleine reich verzierte Orgel. Sie stammt aus der Werkstatt Schöler, Bad Ems. In ganz Deutschland gibt es, so Pfarrer Knapp, nur noch fünf davon. Das Instrument sei einen halben Ton höher gestimmt, so dass der Organist transponieren müsse. Die Kirche ist auch an Werktagen geöffnet. Nebenan befindet sich das Ausflugsrestaurant und -café „In der Delling".

Kirche und Friedhof.

Tour 10.3

Um die (Große) Dhünn-Talsperre gibt es leider keinen vollständigen Wanderweg. Einen herrlichen Blick hat man von Kürten-Viersbach. Von Delling nach Viersbach sind es zehn Kilometer. Die Dhünn-Talsperre ist eine der größten Trinkwassersperren Deutschlands. Sie stellt das Nass für die Städte Wuppertal, Remscheid, Solingen, Leverkusen und den Wasserversorgungsverband Rhein-Wupper bereit. Um den Bedarf zu decken, wird über einen drei Kilometer langen Stollen Wasser aus der Kürtener Sülz zugeführt.

51515 Kürten Viersbach
Kleine Parktasche links an der Strasse.
www.wupperverband.de/aufgaben/talsperren/grosse.dhuenn-talsperre/dirgrosse.dhuenn-talsperre.html

Die Staumauer der Dhünn-Talsperre erreicht man von Dabringhausen-Grünenbäumchen aus. Kostenloser Parkplatz.

Blick von der Staumauer zum Ablauf der Dhünn.

Kürten-Viersbach, Dhünn-Talsperre

Kürten-Viersbach, Dhünn-Talsperre.

Tour 11

Ruine Eibach in Scheel.

Man nimmt an, dass Lindlar schon um 900 n. Chr. existiert hat. Urkundlich wird die Ansiedlung erstmalig zu Beginn des 12. Jahrhunderts erwähnt. Bei Oberhabbach fließt die Sülz in das Stadtgebiet. Weitere Bäche und Flüsschen sind die Leppe, der Lenneferbach und der Scheelbach. In Lindlar wird seit über 300 Jahren Grauwacke gebrochen und in alle Welt exportiert. Zur Gemeinde gehören zahlreiche kleinere Orte und Höfe wie Frielingsdorf, Georghausen und Hohkeppel. Sehenswert sind vor allem Schloss Heiligenhoven, das nahe Freilichtmuseum und Schloss Georghausen (erstmalig urkundlich erwähnt 1466). In Hohkeppel steht das prächtige Gasthaus „Weißen Pferdchen" von 1612. Ländliche Siedlungen sind Oberbreidenbach, Reudenbach und Kaufmannsommer. Auch sie lohnen einen Abstecher. In der Ortschaft Scheel liegt die Ruine Eibach aus dem 14. Jahrhundert. Nur wenige hundert Meter entfernt befindet sich die Ruine Burg Neuenberg der Grafen von Berg aus dem 12. Jahrhundert.

WWW.LINDLAR.DE

Schloss Georghausen, ein Golf-Hotel. ▶

Kapelle in Oberbreidenbach.

Lindlar

Tour 12

Engelskirchen.

Die alte bergische Siedlung „Engellerskerken" wird zwar erstmals 1353 urkundlich erwähnt, bestand aber schon einige Zeit davor. Zum heutigen Engelskirchen gehören die Wasserschlösser Ehreshoven und Haus Alsbach, das Rheinische Industriemuseum in der ehemaligen Baumwollspinnerei Ermen & Engels sowie das Schmiedemuseum Oelchenshammer. Friedrich Engels sen. (Vater des Philosophen und Mitbegründers des Kommunismus Friedrich Engels jun.) errichtete die Fabrik 1837 mit Peter Ermen. Hierdurch entstand eines der ersten Elektrizitätswerke im Tal der Agger – nach heutigen Begriffen auf einfachste Weise. Von 1903 bis 1923 versorgte die Spinnerei sogar den Ort mit Strom. Schloss Ehreshoven im gleichnamigen Ortsteil ist einer der schönsten Paläste des Bergischen Landes. Die Anlage ist von einem dekorativen Wassergraben umgeben. Urkundlich erwähnt wird das Schloss schon 1355. Heute ist es ein Damenstift der Rheinischen Ritterschaft. Seine volle Pracht entfaltet der Innenhof zur Zeit der Magnolienblüte. Im nahe gelegenen Ründeroth liegt die Aggertal-Tropfsteinhöhle.

Engelskirchen

Schloss Ehreshoven zur Zeit der Magnolienblüte.

www.engelskirchen.de

51766 Engelskirchen, Ehreshoven 1
www.stift-ehreshoven.de
Kostenloser Parkplatz vor dem Schloss.

Tour 12

Das Wehr bei Ohl-Grünscheid.

Engelskirchen liegt an der Agger, die im Winter und Frühjahr oft Hochwasser führt. Wassermenge und Gefälle des am südlichen Stadtrand von Meinerzhagen entspringenden Flusses reichen aus, um sieben Wasserkraftwerke der „Agger Kette" zu betreiben. Eines ist das Kraftwerk Ohl-Grünscheid bei Engelskirchen.

Fährt man von der Stadt in Richtung Ehreshoven, geht es kurz nach dem Kreisverkehr links in ein verstecktes Sträßchen zu dem abgebildeten Wehr. Alle Anlagen zusammen erzeugen jährlich einige Millionen Kilowattstunden Strom, und das klimafreundlich aus einer regenerativen Energiequelle.

Engelskirchen

Parkmöglichkeit am Wehr.

Restaurant „Schloss Ehreshoven".

Tour 13

Altstadtgasse.

Das mittelalterlich anmutende Städtchen Hückeswagen liegt an der Wupper. In seinem Gebiet befinden sich die Bevertalsperre und die Wuppertalsperre. Der Ort wird erstmals 1085 in einer Schenkungsurkunde der Fürstäbtissin Swanhildis von Essen erwähnt. 1360 wurde Hückeswagen ein bergisches Amt. Die Rechte einer Stadt wurden Hückeswagen am 4. April 1859 verliehen. Wegen seiner vielen gut erhaltenen Fachwerkhäuser wird der Ort auch „das Rothenburg des Bergischen Landes" genannt. Zur Zeit der Industrialisierung hatte Hückeswagen eine bedeutende Textilindustrie. Diese kam nach dem Zweiten Weltkrieg zum Erliegen. Es erfolgte eine Umstellung hauptsächlich auf Werkzeugherstellung und Maschinenbau.
Im historischen Stadtkern befindet sich das Geburtshaus der Frau des Bergisch Gladbacher Papierfabrikanten Carl Richard Zanders,

Pauluskirche von 1787, Marktstraße 51.

Hückeswagen, Bevertalsperre

Die Staumauer der Bevertalsperre ist ein beliebtes Ziel für Motorradfahrer.

Maria Zanders geborene Johanny-Abhoe (1839–1904). Diese war eine bedeutende Kulturstifterin des Bergischen Landes. In ihrer Villa in Bergisch Gladbach verkehrten bedeutende Künstler und Gelehrte. Maria Zanders begründete 1894 den Altenberger Dom-Verein, der sich noch heute für die Erhaltung dieses Bauwerks einsetzt.

Zur Bevertalsperre (Richtung Egen), die von 1935 bis 1938 erbaut wurde, sind es nur wenige Autominuten. Sie dient der Wasserregulierung der Wupper. Durch Stollen ist die Bevertalsperre mit der Neye- und der Schevelinger-Talsperre verbunden. Wassersportarten wie Segeln, Rudern und Tauchen sowie Camping sind erlaubt. Die Tour 9 (Wipperfürth) lässt sich gut mit der Besichtigung von Hückeswagen verbinden. Die Entfernung über die B237 beträgt nur fünf Kilometer.

WWW.HUECKESWAGEN.DE
IN HÜCKESWAGEN PARKT MAN AM BESTEN UNTERHALB DER ALTSTADT.

Hauseingang in Hückeswagen.

Tour 14.1

Marienheide, Schloss Gimborn

Das in einer Talsenke im oberen Leppetal gelegene, von Wäldern und Wiesen umgebene Schloss Gimborn war einst Herrschaftssitz der Grafen von Schwarzenberg aus Wien und Mittelpunkt des Schwarzenberger Landes. Das romantisch wirkende Gebäude mit der schönen Spiegelung im Teich ist ein beliebtes Motiv für Fotografen und Maler. Es kann leider nicht von innen besichtigt werden. Unter dem Hauptturm aus spätgotischer Zeit entspringt eine Quelle, die schon im Mittelalter das Grabensystem der früheren Burganlage füllte. Die Ursprünge der Burg reichen vermutlich bis in das 10. Jahrhundert zurück.

Im Turm der Schlosskirche weisen drei Tafeln auf ein tragisches Ereignis aus dem Jahr 1949 hin. Zwölf Mädchen im Alter von 12 bis 15 Jahren ertranken beim Schwimmunterricht in einem nahe gelegenen Industriekühlbecken. Sie hielten sich nach Weisung der Lehrerin an den Händen und glitschten auf dem schrägen Boden allesamt in die Tiefe.

Einen herrlichen Blick auf die Schlossrückseite und die Schlosskirche hat man, wenn man auf der Erlinghagener Straße über die Höhe zurück auf die L97 fährt.

51709 MARIENHEIDE,
SCHLOSSSTRASSE 10
DE.WIKIPEDIA.ORG/WIKI/SCHLOSS_GIMBORN
KOSTENLOSER PARKPLATZ AM SCHLOSS.

Die wohl schönste Ansicht von Schloss Gimborn. Aber auch von der Straße nach Erlinghagen hat man einen herrlichen Blick.

Die Wallfahrtskirche St. Mariä Heimsuchung ruht auf wuchtigen Pfeilern.

Marienheide mit der Kirche St. Mariä Heimsuchung aus dem 15. Jahrhundert ist ein Wallfahrtsort. Die dreischiffige spätgotische Hallenkirche wurde mit wuchtigen Strebepfeilern erbaut. Sie hat aber dennoch keinen massigen Turm, sondern nur ein schlankes Türmchen über der Vierung. Das Innere ist schmuckreich; ein Kleinod ist das prächtige Chorgestühl. Der Raum strahlt eine große Ruhe aus.
Von Marienheide aus lassen sich lohnende Ausflüge unternehmen: Brucher-Talsperre, Lingese-Talsperre, Bonte Kerke Müllenbach (Tour 15) und Historisches Bauernhaus Dahl. Auf dem Unnenberg, der zweithöchsten Erhebung im Oberbergischen Kreis (506 m), steht ein Aussichtsturm, von dem man bis zur Rheinebene blicken kann. 2011 finden an der Turmgaststätte, die den Schlüssel aufbewahrt, Bauarbeiten statt. Vor einem Abstecher sollte man sich deshalb erkundigen, ob der Turm bestiegen werden kann.

Marienheide, Wallfahrtskirche St. Mariä Heimsuchung

Die Wallfahrtskirche mit dem zierlichen Glockenturm.

51709 Marienheide, Klosterstr. 6
www.kath-kirche-marienheide.de

51709 Marienheide, Unnenberger Str. 100 (Aussichtsturm)

Das reich verzierte Chorgestühl.

Tour 14.3

Eisenbahnmuseum Dieringhausen, Drehscheibe mit Lok, Lok-Stände.

Tour 14 kann bei gutem Wetter mit einem Ausflug zur Aggertalsperre (13 km) oder zum Eisenbahnmuseum in Gummersbach-Dieringhausen (15 km) abgeschlossen werden. Die Aggertalsperre wird durch die Flüsse Agger, Genkel und Rengse gespeist. Sie dient auch der Naherholung und ist frei zugänglich.

Das Eisenbahnmuseum im Gummersbacher Stadtteil Dieringhausen verfügt über einen historischen Lokschuppen mit zwölf Ständen aus dem frühen 20. Jahrhundert mit der dazugehörigen Drehscheibe. Auf dem ca. 11.000 Quadratmeter großen Areal befindet sich noch alles, was zu einem Dampf-Bahnbetriebswerk gehört. Das Museum hat nur an Wochenenden geöffnet.

51645 Gummersbach, Hohler Strasse 2
Tel. (0 22 61) 947 625
www.eisenbahnmuseum-dieringhausen.de

An der Aggertalsperre.

Aggertalsperre, Eisenbahnmuseum Dieringhausen

Evangelische Kirche Lieberhausen.

Im Oberbergischen stehen fünf alte Wehrkirchen, die wegen ihrer kunstvollen Ausmalung „Bunte Kirchen" (ursprünglich „Bonte Kerken") genannt werden. Die z.T. aus dem 12. Jahrhundert stammenden Wandmalereien sollten der des Lesens unkundigen Landbevölkerung die biblischen Geschichten vermitteln. Nach der Reformation und Umwidmung der Kirchen verschwanden viele dieser Malereien; einige wurden nur übertüncht.
Das bekannteste Bild heißt „Die Seelenwaage". Zu Füßen von Jesus Christus, der als Richter dargestellt ist, hängt eine Waage, auf der die Seelen gegen ihre bösen Taten gewogen werden.

Maria mit dem Jesuskind auf dem Arm drückt mit der Hand auf die Waagschale, in der sich ein betender Mensch fünf Dämonen gegenübersieht. Diese versuchen, die Schale mit seinen Verfehlungen herunterzuziehen; einer schiebt den Behälter mit den guten Taten zur Seite.

EVANGELISCHE KIRCHE LIEBERHAUSEN
51647 GUMMERSBACH-LIEBERHAUSEN, KIRCHPLATZ
WWW.EKAGGER.DE/LIEBERHAUSEN

Fünf „Bunte Kirchen"

Evangelische Kirche Lieberhausen, Fresko „Die Seelenwaage".

EVANGELISCHE KREUZKIRCHE WIEDENEST
51702 BERGNEUSTADT-WIEDENEST, MARTIN-LUTHER-STRASSE 1
WWW.KIRCHE-WIEDENEST.DE

EVANGELISCHE KIRCHE MARIENHAGEN
51674 WIEHL-MARIENHAGEN, AM KIRCHPLATZ 1
WWW.EV-KIRCHE-MARIENHAGEN.DE

EVANGELISCHE KIRCHE MARIENBERGHAUSEN
51588 NÜMBRECHT-MARIENBERGHAUSEN, KIRCHSTR. 1
WWW.KIRCHENGEMEINDE-MARIENBERGHAUSEN.DE

EVANGELISCHE KIRCHE MÜLLENBACH
51709 MARIENHEIDE, KIRCHSTRASSE
WWW.KIRCHENGEMEINDE-MUELLENBACH.DE

WWW.BUNTE-KIRCHEN.DE

Evangelische Kreuzkirche Wiedenest, Vierung.

Evangelische Kirche Marienhagen.

Evangelische Kirche Marienberghausen.

Fünf „Bunte Kirchen"

Die Orgel der evangelischen Kirche in Marienhagen. Dahinter befinden sich Fresken mit biblischen Themen.
Was nur Eingeweihte wissen: Hinter dem Hocker der Organistin befindet sich versteckt ein Bild Johannes des Täufers.

Die Orgel der evangelischen Kirche in Müllenbach. Auch in diesem Gotteshaus sind die Wandgemälde hinter der schmucken Orgel erhalten geblieben.

Tour 16

Nümbrecht ist eine hübsche Gemeinde mit einem denkmalgeschützten Ortskern, der tausendjährigen Schlosskirche und Schloss Homburg. Das Schloss hat normalerweise von April bis November geöffnet. Von 2011 bis Anfang 2013 ist das gesamte Areal aber wegen einer Erweiterung gesperrt.
Das hügelige Gelände des Kurparks wurde 1974 für die Landesgartenschau Nordrhein-Westfalen genutzt. Ein Anziehungspunkt ist der zu diesem Anlass installierte Säulenbrunnen von Michael Schwarze. Vom nahe gelegenen Aussichtsturm hat man einen weiten Blick über das Homburger Land. Das beliebte Restaurant „Holsteins Mühle" liegt nur wenige Kilometer entfernt.
Ein besonderes Erlebnis ist eine Fahrt von Nümbrecht nach Wiehl in der nach historischem Vorbild gebauten „kaiserlichen" Postkutsche (Seite 70).

WWW.NUEMBRECHT.DE

Nümbrecht und Wiehl

◀ Die Fassaden der Nümbrechter Fachwerkhäuser sind in den Farben Schwarz und Weiß gehalten. Abweichend von anderen Orten im Bergischen Land wird Grün nicht für Türfüllungen und Fensterläden verwendet.

Die Evangelische Schlosskirche Nümbrecht blickt auf eine mehr als 1000-jährige Geschichte zurück. Im Ortsteil Marienberghausen steht eine der fünf „Bunten Kirchen".

Tour 16

Rast am Ponyhof Knotte, Wiehl-Hübender. Aufnahme mit dem inzwischen pensionierten Postillion Walter Gran.

Im Sommer verkehrt eine nach einem Vorbild von 1871 gebaute Postkutsche zwischen Nümbrecht und Wiehl. Die Fahrt dauert etwa zweieinhalb Stunden, zwei Pausen für Reisende und Pferde eingerechnet. Für die Rückfahrt kann man auch den Bus benutzen. Man bucht die Fahrten bei der Tourist-Information, 51588 Nümbrecht, Lindchenweg 1, Tel. (0 22 93) 90 94 80.

TROPFSTEINHÖHLE WIEHL
51674 WIEHL, PFAFFENBERG 1
TEL. (0 22 62) 79 20, WWW.WIEHL.DE
KOSTENLOSER PARKPLATZ AN DER L320.

Säulenbrunnen.

Nümbrecht und Wiehl

An der Kreisstraße 16 bei Brüchermühle-Sinspert befindet sich ein Aussichtspunkt, von dem ein Teil der Reichshofer Wiehltalsperre überblickt werden kann.

Wiehl ist touristisch hauptsächlich durch die an der L320 gelegene Tropfsteinhöhle bekannt. Dort kann man sich sogar 30 Meter unter der Erde trauen lassen. Im Ortsteil Monsau gibt es ein Bauernmuseum, in Wiehl-Damte ein Heimat- und Kuhstallmuseum und im Kulturhaus Drabender Höhe eine Heimatstube der Siebenbürgener Sachsen. Die Erzquell Brauerei in Bielstein führt Besichtigungen durch, zu denen man sich anmelden kann. Eine der fünf „Bunten Kirchen" steht, umgeben von alten Fachwerkhäusern, im Ortsteil Marienhagen (Tour 15).

ERZQUELL BRAUEREI
51674 WIEHL-BIELSTEIN, BIELSTEINER STRASSE 108
ANMELDUNG ZUR BESICHTIGUNG
TEL. (02 71) 35 01-141, WWW.ERZQUELL.DE

Tour 17.1 Reichshof-Eckenhagen

Erntedankfest in der evangelischen Barockkirche Eckenhagen.

Eckenhagen gehört zur Gemeinde Reichshof, die 106 Ortschaften umfasst. Das 2000-Seelendorf Eckenhagen ist die zweitgrößte dieser Ansiedlungen. Der Ort erfreut sich ganzjährig eines regen regionalen Tourismus. Skisport ist am Blockhaus möglich, außerdem gibt es Loipen für Ski-Langläufer. Der Luftkurort bietet sich auch Wanderern und Radtouristen an. Ein kleines Bauernhofmuseum ist „D'r Isenhardts Hoff" unterhalb der evangelischen Kirche.

Die Orgel in der evangelischen Barockkirche aus dem 18. Jahrhundert ist eine der bedeutendsten Orgeln des nördlichen Rheinlandes. Mit 32 Stimmen gilt sie als die größte intakte Denkmalorgel. Eine Generalüberholung wurde erst 2008 abgeschlossen. Die Kirche ist tagsüber zugänglich, während das Heimatmuseum nur sonntags öffnet.

51580 Reichshof-Eckenhagen

www.eckenhagen.de
www.evk-eckenhagen.de

Tour 17.2 Affen- und Vogelpark Eckenhagen

Totenkopfäffchen im Freigehege.

Der Eckenhagener Affen- und Vogelpark liegt an einem steilen Hang. Längs des Hauptweges verläuft aber ein Personen-Schrägaufzug, der den Anstieg aus dem Tal erleichtert. Anziehungspunkte sind die begehbaren Tiergehege und, für Kinder, die große Indoorhalle. Die Berberaffen sind in einem weitläufigen Areal im Tal zu Hause, stets auf der Suche nach Leckerbissen. Nicht weit entfernt flitzen Totenkopfäffchen durch ihr Revier. Sie durchsuchen gerne mitgebrachte Taschen, dürfen aber nicht mit Zuckerhaltigem gefüttert werden, weil sie nach menschlichen Maßstäben Diabetiker sind. Begehbar sind auch die großen Volieren mit heimischen und exotischen Vögeln.

AFFEN- UND VOGELPARK ECKENHAGEN
AM BROMBERG , TEL. (0 22 65) 87 86
WWW. AFFEN-UND-VOGELPARK.DE
GROSSER KOSTENLOSER PARKPLATZ.

Evangelische Barockkirche Eckenhagen.

Tour 17.3

Burg Denklingen.

Von Eckenhagen nach Denklingen sind es fünf Kilometer. Der ebenfalls zur Gemeinde Reichshof gehörende Ort wird 1404 erstmalig urkundlich erwähnt. Von seiner alten Bausubstanz konnte viel erhalten werden. Mittelpunkt ist die alte Burganlage mit der Burgkapelle, der heutigen Antoniuskapelle. Hinter der Burg befindet sich ein Teich, der Klus, gespeist vom Asbach. Die umliegenden Häuser spiegeln sich bei Windstille in dem Gewässer – ein schönes Fotomotiv.

Das Burggebäude entstand zwischen dem 16. und 18. Jahrhundert. Ursprünglich war die Befestigung eine Wasserburg. 1672 wurde die Amtsverwaltung Windeck in die Burg verlegt. Die Anlage wurde auch „Rentei" genannt, weil dort die Rentmeister ihren Sitz hatten. Renteien oder Rentämter nahmen damals die Aufgaben der Finanzverwaltung wahr.

WWW.DENKLINGEN.DE

Reichshof-Denklingen

Antoniuskapelle (vormals Burgkapelle).

Die Geschichte der Antoniuskapelle (vormals Burgkapelle) ist recht abwechslungsreich: 1662 überließen die Reformierten das Bauwerk den Katholiken zur Mitbenutzung. In den Jahren 1693/94 wurde es von beiden Konfessionen renoviert und erhielt seine heutige Form. Im Lauf der folgenden Jahre wurde die Kapelle katholisches Eigentum und 1880 von der evangelischen Gemeinde Odenspiel zurückgekauft. 1904 wäre das Gebäude beinahe als „denkmalsunwert" abgerissen worden. Es konnte aber vor der Zerstörung bewahrt werden und beherbergte bis zur Bildung des Oberbergischen Kreises das Heimatmuseum des alten Kreises Waldbröl.

Tour 18

Burgruine Windeck, Windeck, Im Thal (über Alt-Windeck).

Blick von der Burgruine Windeck ins Siegtal.

Für Windeck gilt das Motto „last but not least". Die Besichtigung des schmucken Städtchens an der Sieg bildet einen wahren Höhepunkt.

Windeck gehört zum Rhein-Sieg-Kreis. Eine über 800 Jahre alte Burgruine thront über dem Ort. Von dort schweift der Blick weit über das Siegtal.

Man beginnt die kleine Rundreise durch das Windecker Ländchen am besten in Dattenfeld und schaut sich die Kirche St. Laurentius, den Siegtaldom, mit der Dattenfelder Madonna an. Nicht weit entfernt steht die Burg Dattenfeld. Alsdann fährt man über Alt-Windeck zur Burgruine Windeck und weiter zum Burghaus Mauel. Dort gibt es einen Bier- und Weingarten. Mittags kann man im Bergischen Hof Schladern (mit guter Rheinisch-Bergischer Küche) eine Pause einlegen und sich anschließend von einem Aussichtspavillon den Wasserfall der Sieg, den größten Wasserfall Nordrhein-Westfalens, ansehen.

WWW.WINDECK-BEWEGT.DE
PARKEN ÜBERALL MÖGLICH.

SCHLADERN:
HOTEL BERGISCHER HOF, ELMORES STRASSE 8, TEL. (0 22 92) 22 83
PARKPLATZ VOR DEM HAUS.

Bergisches Heimatlied

Wo die Wälder noch rauschen, die Nachtigall singt,
die Berge hoch ragen, der Amboss erklingt.
Wo die Quelle noch rinnet aus moosigem Stein,
die Bächlein noch murmeln im blumigen Hain.
Wo im Schatten der Eiche die Wiege mir stand,
|:da ist meine Heimat, mein Bergisches Land.:|
.....
Wo so wunderbar wonnig der Morgen erwacht,
im blühenden Tale das Dörfchen mir lacht,
Wo die Mägdlein so wahr und so treu und so gut,
Ihr Auge so sonnig, so feurig ihr Blut,
Wo noch Liebe und Treue die Herzen verband:
|:Da ist meine Heimat, mein Bergisches Land.:|
...
Keine Rebe wohl ranket am felsigen Hang,
kein mächtiger Strom fließt die Täler entlang.
Doch die Wälder sie rauschen so heimlich und traut,
ob grünenden Bergen der Himmel sich blaut,
drum bin ich auch weit an dem fernsten Strand:
|:Schlägt mein Herz der Heimat, dem Bergischen Land.:|

(1., 4. und 5. Strophe)

Windeck

Der Siegwasserfall bei Windeck-Schladern, Schönecker Weg.

Tour 18

St. Laurentius, der Siegtaldom, Windeck-Dattenfeld, Auf der Hecke 3.

Die Kirche St. Laurentius erhielt ihre heutige Form 1880; sie wird auch der Siegtaldom genannt. Im Rhein-Sieg-Kreis ist St. Laurentius die einzige Kirche mit einem doppelten Turm. Ein Hinweisschild in der Kirche führt zur „Dattenfelder Madonna", einer südtiroler Arbeit aus dem Jahr 2003. Die Dattenfelder Sitzmadonna aus dem 14. Jahrhundert, eine der frühesten der gotischen Epoche, befindet sich im Kölner Kolumba Museum.

Windeck

Dattenfelder Madonna im Kolumba Museum, Köln.

Burg Dattenfeld im Frühjahr, Windeck-Dattenfeld, Burgstraße.

Burg Mauel, Windeck-Mauel, Preschlin-Allee 25.

Dattenfelder Madonna in St. Laurentius.

Buchhinweise

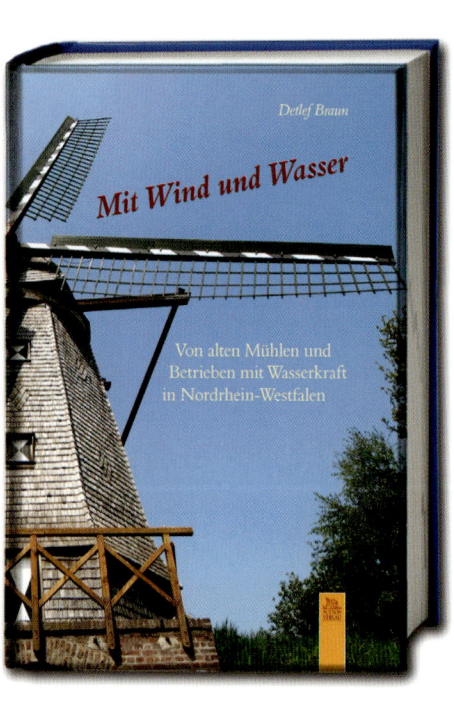

Mit Wind und Wasser
Von alten Mühlen und Betrieben mit Wasserkraft in Nordrhein-Westfalen

Detlef Braun

ISBN: 978-3-89702-533-0
19,90 € [D]

Mehr als ein Abbild des Augenblicks: Das Buch lädt ein zum Schauen, Lesen und Ins-Auto-Setzen, um die Mühlen selbst zu besichtigen.

KÖLNER STADT-ANZEIGER

Immerwährender Bergischer Bauern- und Hauskalender

Olaf Link

ISBN: 978-3-8902-780-8 | 22,95 € [D]

Der immerwährende Kalender bietet dem Leser immer wieder Gelegenheit zum Stöbern, sich an schönen Fotos aus dem gesamten Bergischen Land und netten Geschichten zu erfreuen. [...] Alles in allem hat der 1957 in Solingen geborene Olaf Link einmal mehr eine Liebeserklärung an seine bergische Heimat abgeliefert.

SOLINGER MORGENPOST

Weitere Bücher finden Sie unter:
www.suttonverlag.de

SUTTON VERLAG